W9-AOC-682

CABEZAS COBRIZAS

BIBLIOTECA DE DESCUBRIMIENTOS DE CULEBRAS

Sherie Bargar   Linda Johnson
Versión en español de Argentina Palacios

Fotógrafo/Consultor: George Van Horn

The Rourke Corporation, Inc.
Vero Beach, Florida 32964

Library of Congress Cataloging in Publication Data
Bargar, Sherie, 1944-
    [Copperheads. Spanish.]
    Cabezas cobrizas/Sherie Bargar, Linda Jonhson; versión en
español de Argentina Palacios; fotógrafo/consultor, George Van
Horn.
        p. cm. — (Biblioteca de descubrimientos de culebras)
    Incluye índice.
    Resumen: Introducción a las características físicas, el ambiente
natural y la relación de las distintas especies de cabezas cobrizas
con los seres humanos.
    ISBN 0-86593-329-4
    1. Cabezas cobrizas—Literatura juvenil. [1. Cabezas cobrizas.
2. Culebras venenosas. 3. Culebras. 4. Materiales en español.]
I. Johnson, Linda, 1947-   . II. Título. III. Serie: Bargar, Sherie,
1944-   . Biblioteca de descubrimientos de culebras. Español.
QL666.069B3718   1993
597.96—dc20   93-13896
                                                          CIP
                                                          AC

ÍNDICE DE MATERIAS

LAS CABEZAS COBRIZAS

Una de las culebras **venenosas** más comunes en la parte este de Estados Unidos es la cabeza cobriza. Las cinco especies pertenecen a la familia *Crotalid.* Esta culebra deriva su nombre del color de la cabeza, que se parece a un centavo de cobre. Se sabe que vive más de 20 años.

Cabeza cobriza del sur
Agkistrodon contortrix

DÓNDE SE ENCUENTRAN

Hojas secas, maderos podridos, muros de piedra, colinas arboladas y pilas de basura son lugares favoritos de la cabeza cobriza, especialmente si hay cerca lagunas, arroyos o pantanos. Las cabezas cobrizas se encuentran en la parte este de Estados Unidos y en Texas. Durante los días cortos y fríos del invierno, las cabezas cobrizas muchas veces **invernan** en madrigueras junto con las culebras cascabel del bosque. A medida que los días se calientan y se hacen más largos, la cabeza cobriza se **asolea.**

Cabeza cobriza de banda ancha
Agkistrodon laticinctus

ASPECTO FÍSICO

El cuerpo rollizo de la cabeza cobriza tiene unos 3 pies de largo y está cubierto de escamas. Cada escama tiene un pequeño ribete por el medio. El color café con marcas oscuras de la culebra le proporciona **camuflaje** en las pilas de hojas secas. La cabeza color de cobre le brilla.

Cabeza cobriza de banda ancha
Agkistrodon laticinctus

LOS SENTIDOS

La lengua de la cabeza cobriza entra y sale rápidamente y lleva partículas de los alrededores. El órgano de Jacobson en el cielo de la boca **analiza** las partículas para enterarse de lo que hay por ahí cerca. A corta distancia, los ojos y las fosas receptoras de calor que tiene en la cara le indican la ubicación y el tamaño de la **presa.** Tan pronto la presa se encuentra lo suficientemente cerca, la cabeza cobriza ataca.

Cabeza cobriza del sur
Agkistrodon contortrix

LA CABEZA Y LA BOCA

La gruesa cabeza de esta culebra tiene dos fosas receptoras de calor. Al morder, los largos colmillos huecos que han estado plegados hacia el cielo de la boca se extienden. Los músculos que rodean las glándulas de **ponzoña** arrojan el veneno por los colmillos a la presa. Las mandíbulas se estiran como una liga de caucho para engullir al animal entero. El conducto respiratorio se extiende desde la garganta hasta el frente de la boca y permite que la culebra respire mientras engulle la presa.

Cabeza cobriza del sur
Agkistrodon contortrix

LAS CRÍAS

La madre cabeza cobriza tiene de 1 a 14 bebés en agosto, septiembre u octubre. La cría tiene unas 8 pulgadas de largo y la cola amarilla. Muda la piel por primera vez a los 10 días de nacida. Será adulta a los 3 años.

Cría de cabeza cobriza del sur

LA PRESA

El renombrado ataque veloz de la cabeza cobriza mata a la presa. Ratones, lagartijas, ranas, insectos y aves son la comida más común de esta culebra. La cría menea la cola amarilla para atraer la presa. Mientras la presa observa la cola, la culebra muerde al animal. La cabeza cobriza engulle primero la cabeza de la presa. Aves, otras culebras y cerdos se comen a las cabezas cobrizas.

Cabeza cobriza del sur
Agkistrodon contortrix

DEFENSA

A las cabezas cobrizas no les gusta la lucha. Camufladas entre las hojas secas, se quedan quietas cuando un enemigo se acerca. Si la molestan, la cabeza cobriza hace **vibrar** la cola de un lado a otro por las hojas secas. El sonido que hace es como el de la cascabel. Si el enemigo se acerca demasiado, la cabeza cobriza lo ataca.

Cabeza cobriza de banda ancha
Agkistrodon laticinctus

LAS CABEZAS COBRIZAS Y LOS SERES HUMANOS

Por lo general, la mordedura de la cabeza cobriza no mata a una persona, pero es muy dolorosa. Hace sentir muy mal a la persona y hace daño al tejido alrededor de la mordedura. Los científicos médicos estudian la ponzoña de la cabeza cobriza. Puede que sea muy valiosa para el estudio de la sangre humana.

Glosario

analizar — Averiguar qué es algo.

asolearse — Echarse y disfrutar del calor.

camuflaje — El color de la piel de un animal se confunde con el suelo que lo rodea.

invernar — Dormir o no estar activo durante el invierno.

presa — Un animal que caza o mata otro animal para comer.

ponzoña — Una sustancia química producida por los animales que enferma a otros animales o seres humanos o los mata.

veneno — Una sustancia que enferma o causa la muerte cuando entra en el cuerpo.

vibrar — Mover de un lado a otro.

ÍNDICE